Du und dein Kind

–

eine tolle Zeit beginnt!

Für meine liebe Mama
Für meinen lieben Roman
und unsere Mädchen

Du und dein Kind

–

eine tolle Zeit beginnt!

Herbst- und Winter-

gedichte

Galina Pfeifer

Die Deutsche Nationalbibliothek verzeichnet diese Publikation in der Deutschen Nationalbibliografie; detaillierte bibliografische Daten sind im Internet über http://dnb.dnb.de abrufbar.

Herstellung und Verlag: BoD – Books on Demand, Norderstedt, Deutschland.

ISBN Printausgabe 978-3-7481-3801-3
ISBN E-Book 978-3-7481-2964-6

Ahornblatt

Ahornblatt,
was es so alles hat?
Es steckt ja voller Tat.
Hast du mal Hand gesehen, seine?
Nimm mal deine und leg auf seine.

Das ist ein Bringer!
Es hat ja fünf Dinger.
Sie sehen aus wie Finger
und stecken voller Leben,
wie bei dir eben.

Herbstblätter

Linde, Ahorn, Birke, Eiche und Esche
hängen Blätter wie an der Leine Wäsche.
Naht der Herbst, werden sie bunter.
Es dauert nicht lange und sie fliegen runter.
Fange diesen goldenen Schatz,
das ist ein genialer Bastelansatz.
Die Blätter legst du hinein in die Presse,
nach kurzer Zeit wecken sie dein Interesse.
Braun, violett, feuerrot und goldgelb
entstehen Geschenke,
die findest du sonst
nirgendwo auf der Welt.

Herbst

Die Blätter fliegen im Zickzack.
Kartoffeln landen in dem Sack.
Die Äpfel kommen in den Korb.
Die Vögel fliegen manche fort.
Und was unternimmst du?
Such dir einen bildschönen Ort!

Der Feger

Zieh deinen Schal und deine Mütze an.
Die Jahreszeit – der Herbst ist dran.
Das merkst du an dem kalten Wind,
er tanzt mit dir mein liebes Kind.
Sein Freund, der Regen, hält nichts vom Fegen,
er macht eher nass, fast jeden.
Es ist kein Grund dich aufzuregen.
Komm! Wir können es miterleben.

Regentropfen

Einmal flogen zwei Regentropfen runter,
ohne zu schauen, was lag genau drunter.
Erzählten sich beide Geschichten ganz munter,
als plötzlich wurde es bunter.

Die Wiese, der Wald, die Berge, das Tal
getaucht in die Farben - noch lange nicht kahl.
Die Tropfen erkannten die herbstliche Macht.
Mit Freude erlebten sie die goldene Pracht.

Gummistiefel

Zwei Gummistiefel rot und blau
wollen trotzen, dem Wolkengrau.
Ohne Schirm und ohne Poncho
springen in die Pfütze mit Karacho.
In die Matschepampe mitten rein,
genau so, so soll es sein.

Die Erde ist längst weich und glitschig.
Es ist kein wenig kitschig.
Große Freude bringt es Kindern.
Es sollte keiner sie daran hindern,
die Welt der Wunder zu entdecken
und das Interesse, an der Natur, zu wecken.

Die Natur hat eigene Gesetze,
diese lernen Kinder ohne jegliches Gehetze.
Die Kinder sind die weisen Wesen und sie zeigen
Eltern, was die nur theoretisch lesen.
So lass die Kinder die Welt begegnen,
das ist für alle ein großer Segen –
trotz Regen.

Deckenhaus

Draußen stürmt es und peitscht der Regen,
drin zu bleiben ist heute ein Segen.
Schutz vor Wind und nassem Wetter
baute man lange vor Christus mit Brettern,
mit Lehmziegeln und Holzkonstruktionen
quadratische oder rechteckige Zivilisationen.

Kinder ahmen ihren Eltern nach und
bauen im Handumdrehen ein sicheres Dach.
Sie verwenden Tische, Stühle, Kartons und
Decken, um sich und ihre Spielgefährten vor
Unwetter zu retten. In sicheren Wänden
erwachen neue Geschichten von mutigen Rittern
und bezwingbaren Bösewichten.

Der Regen tropft nicht, ist längst vorbei.
Die Baukonstruktion wandelt sich, wie durch
Zauberei. Die Kinder passen an die Formen,
Größen und Mengen - es ergeben sich neue
Flüsse und Städte mit geheimen Gängen.
Schlaue Köpfe voller Fantasie plus
Handakrobatik, so begreifen die Baumeister die
Schwerkraft und Statik.

Regenbogen

Schau nach oben,
erblick Lichtbogen.
Farbig bunt,
meist halbrund.
Nach dem Regen
kommt er raus,
verdient deinen
tosenden Applaus.

Künstler

Ein kleiner Künstler, so groß wie du,
nahm Pinsel und Aquarell dazu.
Ein Blatt, das nahm er aus Mamas Büro
und fing an zu malen wie Picasso.

Er tunkte die Farbe: gelb, rot, grün und blau.
Was kam dabei raus?
Ein Stau, eine Frau oder ein Pfau?
Ich sage dazu begeistert: „Wow!"

Naturschätze

Das Mädchen roch die herbstliche Luft.
Das Laub unter ihm verbreitete Duft.
Die kleinen Kastanien braun und rund,
sie waren heute sein Wunderfund.
Mit Feinmotorik und Geschick
entstand eine Kette – einmalig schick.

Die Eicheln

Die kleine Frucht vom Eichenbaum,
die bringt euch manchmal zum Staunen,
erinnert an ein riesen Korn,
in ihrer natürlichen ovalen Form.

Die Kinder erschaffen mit ihren Händen
eine Menge an fantasievollen Welten.
Menschen, Elfen und Tiere, wie Pferdchen –
es erwachen Zaubermärchen.

Zapfen

Kiefer, Fichte, Lärche, Tanne und Zeder,
deren Früchte mag sammeln jeder.
Die Zapfen gibt's in mancherlei Arten.
Du findest sie im Park, Wald und Garten.

Was glaubst du, wofür sind sie gut?
Ich lobe dich für deine Antwort und Mut.
Für das Tierreich sind die Zapfen wichtig
und du liegst mit deiner Antwort richtig.

Die verborgenen Samen, tief in den Schuppen,
sind ein leckerer Schmaus für zahlreiche
Tiergruppen. Wir, Menschen, sehen die Früchte
als Kunstobjekte, integrieren sie gern in unsere
Bastelprojekte.

Es liegt an dir mit deiner Fantasie zu spielen,
mit Draht und Kleber neue Skulpturen zu
erzielen. Edler Herr, Zwerg, Eule, Igel oder Hase
und wenn du es magst - eine herbstliche Oase.

Wind

Der Wind, den kennt jedes Kind.
Er weht umher
und bringt ein frisches Flair.

Es gibt den Wind als leichte Brise,
der wandert auf der Blumenwiese
und streichelt sie nur sacht.

Es gibt den Wind als mäßiger und frischer.
Davon ist begeistert der alte Fischer.
Er steht am Ufer und schaut ins Meer.

Doch wenn der Wind umso stärker bläst,
achte bitte auf das Geäst,
das fliegen könnte von dem Baum.

Außerdem hat der Wind zwei Brüder.
Wenn du erblickst einen Wurm auf dem Turm,
glaub mir - das war der Sturm.

Kommt sein großer Bruder, Orkan,
dann bist du dran!
So schnall dich bitte schleunigst

aaaaaaaan!

Winddrachen

Mit Karton, Transparentpapier und Holz
bastele ich einen Drachen mit üppigem Stolz.
Dazu Klebstoff, Lineal und weiße Schnur.
Diese Aufgabe gelingt mit Bravour.

Krepppapierschleifen befestige ich am
Drachenschwanz, schon setzt sich in Gang der
herbstliche Tanz. Lustiges Gesicht: zwei Augen,
eine Nase und ein breiter Mund.
Der Drachen hebt ab vom goldenen Grund.

Strebt in die Höhe zu unendlichen Weiten.
Reißt an der Leine zu allen möglichen Seiten.
Der Drachen freut sich und fühlt sich frei.
Sein Meister ist unten mit ihm dabei.

Winterlager

Der kleine Igel Stachelpicks
lernte von den Eltern die nötigen Tricks.
Wie man aus buntem Herbstlaub
ein gemütliches Haus baut.

Man nehme Stöckchen und viele Blätter,
das Ganze am besten noch beim sonnigen
Wetter. Zusammenrechen in die Gartenecke,
das wird sicher eine warme Decke.

Der einzige Insektenfresser macht völlig brav,
von November bis März seinen Winterschlaf.
Der Stachelpicks schmiegt sich hinein
und träumt wohlig in seinem Heim.

Insektenhotel

Mama kaufte uns warme Mützen.
Sie sollen uns vor Kälte schützen.
Doch Eines ist mir nicht völlig klar.
Wie schützt eine Biene im Winter ihr Haar?

„Ach, Sie trägt keine Mütze und Mantel",
sagte Mama, „Sie fliegt in ein Hotel."
„Wie -, sie fliegt in den Süden, wie Vögel,
anstatt mit uns im Winter zu rodeln?"

Die Vorstellung fällt mir nur schwer.
Eine Biene fliegt mit den Koffern ans Meer.
„Oh, nein!", sprang Mama ein, „So ist es nicht,
obwohl total witzig ist deine Sicht.

Am besten wir bauen ein warmes Hotel.
Dafür benötigen wir einen Holzrahmen,
dazu Schilfrohr, Äste, Sand und Lehm.
Das zu einem Haus zusammenbauen,
ist kein Problem.

So kann die Wildbiene sich hier einnisten,
und rundum wohlfühlen, wie die Touristin."
Ich gehe nützliches Werkzeug auskramen,
wir bauen ein Insektenhotel zusammen.

Bodenfrost

Heute Morgen, heute Morgen
lag der Zauber plötzlich da.
Überall wohin ich schaute,
flimmerte es wunderbar.
Auf dem Boden, Schaukel, Fallblätter -,
was ist das für ein famoses Wetter?

So etwas kann dir nur passieren,
wenn im Herbst die Finger fast erfrieren
und wenn die Nächte länger sind als Tage.
Es handelt sich um Bodenfrost, gar keine Frage.
Er taucht die Natur in eine Silberschicht und du
spürst das Kribbeln im Gesicht.

Bibliothek

Mehrmals in einem Monat
gehen wir in einen Park.
Blätter gibt es dort viele,
jedoch keines davon jemals hinfiele.

Weisheit stolziert hier rundherum.
Helden stehen reihum.
Brauchst du neue Zaubersprüche?
Dann begib dich auf die Suche.

Träumst du etwas zu erfinden?
Die Antworten sind hier zu finden.
Neue Ideen fürs Theater mit Puppen,
und sogar Werke mit Leselupen.

Treffpunkt ist das der schlauen Kinder.
Sie streben ihren Wissensdurst zu lindern.
Mit neuen Büchern an der Hand
spazieren sie hinaus gespannt.

Gemütliche Lesestunden

Mit Mama und Papa
im Bettchen mal lesen:
vom Pferdchen, Zebra oder Esel.
Gemeinsam unter der Bettdecke stecken
und unsere Beine lang ausstrecken.
Beim Lesen umarmen wir uns herzlich doll,
da ist jede Geschichte für mich wundervoll.

Papierschneeflocken

Lange habe ich gewartet
bis der Schnee da draußen startet.
Doch jetzt habe ich genug,
gebe mir sofort ein Schub.

Aus dem Zimmer hole ich mir
blau-weißes Basteltonpapier.
Dekoriere ich jetzt selber
erstaunliche Schneeflockenwälder.

Zirkel, Bleistift, Falttechnik,
schnipp, schnapp, Schnitt,
fast wie kleines Mosaik,
filigran ist das Prinzip.

Meine Kunst entfalte ich genauer,
mit der Vorsicht und Ausdauer.
Freude strahlt in meinem Raum: „Hallo mein
ersehnter Wintertraum."

Schneeflocken

Schau hinaus aus deinem Fenster.
Siehst du die tanzenden Gespenster?
Wie die sich vom Himmel senken
und nach rechts und links sich schwenken.

Klitzeklein formen sich diese Dinger.
In warmer Hand werden sie umso geringer.
Und wenn du durch die Lupe siehst,
stellst fest, jedes hat ein einmaliges Gesicht.

Keine gibt es noch einmal im Leben.
Nicht mal im hohen, kalten Norden, z. B.
Schweden.
Die Schneeflocken sind nur einmal da.
Doch die gibt es im Winter fast jedes Jahr.

Fang die Schneeflocke

Kennst du bekannten Schneewettkampf,
der im Winter verläuft weich und sanft?
Schauen liebst du Olympiade?
Da tritt keiner an, wie Schade!

Begabte Athleten gibt es gar viele.
Sie trainieren fleißig für ihre Spiele.
Indem sie ihren Mund aufmachen
und wie erwartet dabei reichlich lachen.

Bloß das ist nicht der Zweck des Spiels.
Schnee ist notwendig fürs Erreichen des Ziels.
Fangen bemühen sich Sportler Schneeflocken,
anschließend jauchzen, jubeln, frohlocken.

Die Zunge wird dabei weit ausgestreckt
und ordentlich von den Flocken geschleckt.
Die Teilnehmer sind auf die Siegerehrung
gespannt.
Doch Anzahl der Flocken - bleibt unbekannt.

Der Schneemann

Er darf niemals fehlen im Winter.
Da stehen alle Schneebegeisterten dahinter.

Den Schnee anfassen mit bloßen Händen
sind sie bereit, um seinen Körper zu wenden.

Erst startet eine riesengroße Schneekugel,
wie ein hochgewachsener Strudel.

Hinzukommt die mittlere Kugel,
erledigt im lachenden Trubel.

Zuletzt die kleine Kugel,
schon hört man einen Jubel.

Sowie zum guten Schluss
Möhre als Nase, Augen aus Nuss
und einen Kuss.

Schlittenfahrt

Ich habe großes mal erlebt,
durch die Schneewehe gefegt.
Tochter sagte: „Komm mit nach oben,
um gemeinsam runter zu rodeln."

In der Nähe von Jakobshorn
war der Hang ziemlich enorm.
Mit der Muskelkraft getrieben,
haben unser Ziel bestiegen.

Schlitten zogen wir an der Schnur,
ließen zwei glatte Rillen als Spur.
Oben bot sich ein kolossaler Fernblick,
für einen kurzen Augenblick.

Vor uns lag eine mitreißende Reise.
Wir starteten auf unseren Gleisen.
Bereit waren die eisenbeschlagenen Kufen.
Wir hörten sie wahrlich „Los!" rufen.

Kleiner Stoß, schon ging es los.
Sensation so riesengroß.
Nervenkitzel, Atemraub.
Wirbelten wir hoch Schneestaub.

Die schneeglänzende Natur
war perfekt für unsere Tour.
Wir rasten an ihr vorbei,
begleitet von meinem Geschrei.

Die Leute unten im Tal
hörten einen ohrenbetäubenden Schall,
sprangen zur Seite bei diesem Signal.
Doch unsere Fahrt – war GENIAL!

Pinguin

Kennst du einen Vogel, der nicht fliegt
und im Winter gar nicht friert.
Wohnt am Südpol, fühlt sich wohl,
ist dort quasi Monopol.

Springt ins Wasser vom Eisriff,
taucht bis 100 Meter tief.
Jagt hier unten nach den Fischen
versucht die leckersten zu erwischen.

Wenn ihn Keiner vor Gefahr warnt,
kein Problem, er ist gut getarnt.
Weiße Seite – schützt vor dem Hai,
dunkle – vom Vogel, der fliegt vorbei.

Auf dem Eis geht er barfuß,
lange Strecken nur zu Fuß.
Kälte macht ihm gar nichts aus,
er hat einen dicken Bauch.

Dieser nutzt dem Papa sehr.
So wärmt er das Küken im Ei viel mehr.
Mama geht auf eine lange Wanderschaft,
tut es für die Familie aus Leidenschaft.

Dieser Vogel ist ganz brav,
führt sich auf wie ein wichtiger Graf.
Macht es deutlich mit dem Frack,
hat einen ausgezeichneten Geschmack.

Auf der Spur

Sonntag früh ist wach junger Tom,
reibt sich die Augen und weckt Yvonne.
Aus dem Fenster schauen beide,
staunen über die verschneite Weide.

„Boo! Wie herrlich! Wow! Wie fein!
Glitzert die Schneedecke ganz rein!
Schau! Die Bäume am Waldesrand
stehen verhüllt im weißen Samt."

Kinder springen plötzlich auf.
Denn sie freuen sich darauf
Spuren lesen im feinen Schnee
vom Hasen, Fuchs und schnellen Reh.

Verkleidet als Indianer: Ichnolo und Ichnogie
erkunden sie lebhafte Biologie.
Sie pirschen gegen den Wind zum Wald,
ertappen die ersten Spuren schon bald.

„Oh! Sieh hier! Pfoten mit Krallen.
Dort sind Hufen und auch Schalen.
Bleib schön auf der Spur!
Folge dieser langen Schnur!"

Im Schnee aufgereihten Trittsiegel
können das Tierverhalten spiegeln.
Der eine Abdruck verrät, WER es war -
mehrere zusammen, WIE es lief, sogar.

Trabte das Pferd? Lief das Reh Galopp?
Eilte der Fuchs und sprang der Hase hopp?
Die Indianer erkennen den Unterschied sofort.
Da gebe ich euch mein Ehrenwort.

Unsere Ichnolo und Ichnogie
beherrschen diese Typologie.
Sie lesen Tierzeichen auf dem Boden,
im Schnee, Sand und lehmigen Boden.

Wenn du dich wunderbar auskennst
und viele Stapfen der Tiere erkennst,
dann kannst du deine Spuren legen,
um andere Indianer reinzulegen.

Schlittschuhlaufen

Der Boden knistert unter den Füßen.
Die Zeit ist gekommen für funkelnde Kufen.
Die edle Kunst kannst du vorführen
und deine Liebsten aufs Eis entführen.

Runde drehen ein, zwei, drei.
Sei bei diesem Spaß dabei.
Die Liebe an deiner Hand leiten,
wie in der Spirale im Duett gleiten.

Abwechselndes Fußabstoßen
und voller Freude übergossen,
folge dem Sternen-Lichtstrahl.
Es läuft Musik genau nach deiner Wahl.

Eislaufträume auf offener Fläche.
Schneeflocken führen über deinem Kopf
Gespräche; über das Eis und Kufen an den
Füßen und über deine zärtlichen, warmen Küsse.

Musik im Winter

In der winterlichen Jahreszeit,
wenn draußen kalt ist und es schneit,
kenne ich eine exklusive Vergnügungstat.
Für deine Familie gebe ich dir Rat.

Konzert, Oper, Musical, Ballett
kannst dich anziehen ganz adrett.
Theater, Kirchen oder Oper -
sind bezaubernde Häuser in Europa.

Beleuchtet mit tausenden Lichtern,
befüllt mit erwartungsvollen Gesichtern.
Tschaikowsky, Mozart oder Bach
sorgen musikalisch für ein faszinierendes Ach!

Kronleuchter hängen in der Mitte.
Zeigt diese Welt den Kindern, bitte!
Wir tragen Kinder durch unsere Traditionen
und sie bereichern uns mit ihren Visionen.

Nikolaus

Hallo mein Liebling, guten Morgen.
Bist du gespannt, was ist verborgen
in deinem Schuh in unserem Haus
vom großzügigen Nikolaus?

Die Spannung steigt.
Der Schuh, der schweigt.
Dort steckt was drin.
Erkenn den Sinn.

Ist da etwas zum Naschen?
Und bringt es dich zum Lachen?
Wir lieben dich herzlich doll.
Mit dir sind unsere Herzen voll.

Kerzenziehen

Hast du Kerze mal gemacht,
als Geschenk zur Weihnachtsnacht?
Zuerst nimmst du den Kerzendocht;
Baumwollfäden gut geflocht'.

Such dir nun ein Bienenwachs
und einen bequemen Ruheplatz.
Denn das Gute dauert lange,
werden rot die Nas' und Wange.

Tauche deinen Docht jetzt ein
in das warme Wachs hinein.
Kerze wächst – Schicht um Schicht
und gewinnt so an Gewicht.

Lass die Atmosphäre um dich nicht außer Acht,
spüre den Zauber in dieser Nacht.
Ein feiner herbsüßer Honigduft
liegt wahrlich um dich in der Luft.

Befühle die wachswarme Kerze.
Ein echtes Erlebnis eröffnet die Herzen.
Freude am erfolgreichen Tun
gefeiert werden kann dein Ruhm.

Magst du Muster, dann ritz rein,
vergiss nicht, die Kerze muss abgekühlt sein.
Dein Handwerk kann verschenkt werden,
zur großen Freude der Beschenkten auf Erden.

Geschenke Verpacken

Unsere heutige Aktion
war eine aufregende Mission.
Die Geschenke für die kommenden Feste
sollten in die Verpackung, möglichst reißfeste.

Einerseits zum Transportschutz
doch maßgeblich für den Sichtschutz.
Geheimnisvoll soll es bleiben,
den Beschenkten in die Spannung treiben.

Kribbeln sollte seine ganze Haut.
Vor Freude sollte er schreien laut.
Mit beiden Händen fest anfassen
und überhaupt nicht mehr loslassen.

Geschenkpapiere basteln mit Ideen kreativen
oder kaufen mit verschiedenen Motiven,
veredeln mit Kartoffeldruck,
Accessoires, Schleifen und anderem Schmuck.

Geeignete Verpackung hat großen Wert.
Da fühlt sich Beschenkter sehr geehrt.
Große Freude macht das Schenken
und an die lieben Menschen denken!

Weihnachtsplätzchen

Adventszeit ist schon mal da.
Wir holen die Keksdosen aus dem Vorjahr.
Verziert sind die mit Schneeflocken und Tannen.
Was wir damit vorhaben, ist leicht zu erahnen.

Das Mehl wird auf den Tisch gestreut.
Die ganze Familie hilft mit Freude heut'.
Den Plätzchenteig wollen wir jetzt kneten,
ziehen Schürze an, um Kleidung zu retten.

Nudelholz brauchen wir um Teig auszurollen.
Geht es mal schief, dann wiederholen.
Ausstechen macht uns riesen Spaß,
mit Weihnachtsförmchen, nicht irgendwas.

Auf den Blechen liegen leckere Plätzchen.
Was bleibt uns übrig mein liebes Schätzchen?
Durch das Backoffenfenster schauen
und eigenen Augen bloß trauen.

Jetzt kommt, jetzt kommt schon dieser Duft
und verwandelt unsere Luft.
Die Süße steigt in meine Nase.
Ich LIEBE diese Weihnachtsphase.

Das Beste kommt noch nach dem Backen.
Die Plätzchen vorzüglich zum Verschenken
einpacken. Die Kinder freuen sich, das Päckchen
zu überreichen, die nette Nachbarn, Freunde
persönlich erreichen.

Leckere Weihnachtsrezepte gibt es etliche.
Diese Momente bleiben unvergessliche.
Kinder schenken nicht nur ihre Plätzchen,
sondern den Glanz und die Wärme vom
Herzchen.

Stockbrot im Kamin

Stockbrot backen im Kamin
mit Familie oder Team
ist im Winter sehr gut möglich.
Nur die Stöcke sind noch nötig.

Die findest du so bald
im naheliegenden Wald.
Buche, Weide oder Haselnuss
von Rinde die Spitze befreit werden muss.

Um deinen säuberlichen Zweig
wird gewickelt der Hefeteig.
Über Glut eines Kaminfeuers
hältst du fest dein Abenteuer.

Am wärmenden Feuer zu sitzen
und dein Gebäck langsam erhitzen.
In dieser gemütlichen Runde kann ich dir
empfehlen, eine fesselnde Geschichte allen zu
erzählen.

Die Flamme knackt und knistert.
Dein Backwerk ist gemeistert.
So beiße, rieche, schaue
und an deinem Brot genüsslich kaue.

Schokoladenfondue

Mit den Kindern süßliche Runde?
Kein Problem - dazu fast gesunde;
zauberst du im Handumdrehen.
Hier kommen leckere Ideen:

Eine Menge Schokolade,
die edle aus Omas Schublade.
Viele Früchte natürlich dazu,
bloß nicht schüchtern, greif gern zu.

Kiwi, Beeren und eine Banane,
später gern ein Schluck Sahne,
tunke in die Schokomasse,
in den Fonduetopf oder Tasse.

Schokolade vorher schmälzen,
dann die Früchte darin wälzen.
Vermengt zu einem vollkommenen Genuss.
Ein Feuerwerk im Mund zum Schluss.

Hauch

An der Haltestelle - Frost,
Wärme in dem Bus erhofft.
Sitz am Fenster war noch leer.
Steht der Bus schon im Verkehr.

Zeit vertreiben kann ich hier auch:
Bilder malen mit dem Hauch.
Mit dem Finger auf Glasscheiben,
selbst wenn die nicht lange bleiben.

Warmbad

Kälte herrscht in diesem Jahr.
Muskeln werden gänzlich starr.
Bis zum Frühjahr dauert es noch,
aufwärmen möchte ich mich doch.

Um die Ecke im Warmbad,
gerne tauche ich da ab.
Wasser löst die Krämpfe sehr,
fühle mich plötzlich wie ein Bär.

Nachts allein im Museum

Wenn abends das Museum schließt,
eine Gruppe eine Führung beschließt,
spät im Winter in der Nacht,
sagen wir mal, kurz vor acht.

Eine enorm dunkle Exkursion
ist eine aufregende Expedition.
Ausgerüstet mit einer Taschenlampe
führt der Weg uns über eine Rampe.

Holprig, stolprig ist der Weg.
Plötzlich Ritter steht im Weg.
Mit der eisernen Ausrüstung
sorgt bei uns für Wortverwüstung.

Schweigend schauen wir ihn an,
ob er sich bewegen kann.
Sein Speer ist furchtbar lange,
uns wird unheimlich bange.

Schleichen wir zum nächsten Exponat.
Steht schon wieder ein Soldat.
Er sieht dem Ritter gar nicht ähnlich,
in pompöser bunter Kleidung nämlich.

So geht weiter unser Abenteuer,
manches wird in der Dunkelheit zu ungeheuer.
Wir treffen Helden und Erfinder.
Freuen sich über das neue Wissen, Kinder.

Nachts alleine in einer Ausstellung
führt zu einer Gefühlserhellung.
Der Kopf voller Fantasiegeschichten
lockt uns begeisternd weiter zu Dichten.

Sternwarte

Können wir schon bald zum Mond?
Wer wohl auf dem Saturn wohnt?
Mars erreichen, an wie vielen Tagen?
Kinder stellen immer Fragen.

Ein Astronom kann uns die Antwort geben.
Den lassen wir über das Universum reden.
Er öffnet Türen zu seinem Observatorium
und bringt uns näher sein Planetarium.

Er zeigt uns ein 100-jähriges Teleskop
und führt mit uns ein Dialog.
Wenn man mit 180 km/h zur Sonne fahre,
dauert es etwa 95 Jahre.

Das und vieles anderes mehr
vertiefte unser Wissen zum Weltall sehr.
Blick in ein Fernrohr wagend,
wird es zu einem kosmischen Abend.

Silvester Feuerwerk

Die Kinder erstarren für einen Moment
bei diesem Feuerwerkevent.
Knall hier, Knall dort.
Fontäne an dem nächsten Ort.
Raketen flitzen. Vulkane spucken.
Die Kinder vor Schrecken zucken.

Mit den Eltern an der Hand
schauen Kinder hoch gebannt.
Kaleidoskop der bunten Nuancen
läutet ein die himmlischen Chancen.
Zuschauer freuen sich der reizenden Kunst
sind bereit für eine aussichtsvolle Zukunft.

Fortsetzung...

Herbst und Winter.
Was kommt dahinter?
Raus du, Hausbewohner-
Frühling kommt und Sommer!

Warme Jahreszeiten
werden dich begleiten.
Es gibt viel zu entdecken,
um deine Sinne zu wecken.

Im Band Nummer zwei
liest du Allerlei.
Wir packen unsere Wandertaschen.
Die saftigen Früchte werden wir naschen.

Wir hören den rauschenden Bach.
Liegen auf den Wiesen flach.
Wir werden zusammen lachen,
mit der Natur gemeinsam erwachen.

Ich lade dich herzlich dazu,
leg dir den nächsten Band hinzu.
Geh mit mir diese Tour,
erlebe die Wunder – **Kind** und **Natur**!

Danke an meine Familie

Der kernige Baum - (Unsere Familie)

Wir sind ein Baum!
„Versteht man kaum,
was du damit meinst
und hier zusammenreimst."

Ich sage bloß:
„Wir sind die Äste und die Zweige,
die für sich wachsen und emporsteigen.
Jeder hat eigene Herzensneigung
und so führt es zur Verzweigung."

„Bedeutet es: Ihr seid nicht einig?
Ist so der Weg für euch nicht steinig?"
Gewiss ist es nicht so,
erkläre ich dir gern wieso:

„Die Äste können sich entfalten und gedeihen,
wenn du sie liebst, respektierst
und kannst ihnen verzeihen.
Die Zweige überleben erst nur dann,
wenn unten hält sie ein starker Stamm."

„Das heißt: Ihr seid auch ein Stamm?"
„Natürlich, wir sind der ganze Baum!
Die stark verankerte Wurzel sind wir.
Wir halten zusammen, wir vier.

Die gemeinsame Zeit voller Liebe:
beim Spielen, Essen, Reisen, Spazieren,
Diskutieren

schenkt uns die Sicherheit,
richtet den Blick nach vorne,
weckt die Neugier
und lässt die Zweige weiter sprießen."

Wir sind ein Baum -
in einem unbegrenzten Raum!

Dank an die Leserschaft

Ich danke Ihnen für diesen Augenblick.
Sie halten in den Händen dieses Lesestück.
Sie nehmen sich Zeit und lesen meinen Text.
Ich hoffe, Ihr Interesse wächst.

Mit kurzen Texten möchte ich Sie entführen,
die Welt mit Kinderaugen vorführen.
Mit ein paar Sätzen -
vielleicht sogar zu Ihren Kindheitsplätzen.

Ich danke Ihnen für Ihre Aufmerksamkeit:
zu Ihrem Kind und Natur auf Ihrer Lebenstour.
Mit einer liebevollen Signatur
hinterlassen Sie in diesem Leben
eine wichtige Spur.

Inhalt

Galina Pfeifer

Galina Pfeifer wurde 1981 in der Steppe Zentralasiens geboren, zwischen Nord- und Ostsee aufgewachsen, studierte in Niedersachsen, arbeitete in der Nähe vom Dreiländerpunkt und lebt glücklich mit ihrem Mann und Kindern auf dem Berg mit der Aussicht auf die Alpen.

Als Bibliothekarin in der Universitätsbibliothek recherchierte sie für die Wissenschaftler und zeigte den Studierenden den Weg zu der geeigneten und gesuchten Literatur. Zeitgleich betreute sie ehrenamtlich eine Kindergartenbibliothek, um das Interesse zu den Büchern schon bei den Kleinsten zu wecken.

Das Motto „Nach dem Wissen aus den Büchern zu greifen, um die Welt zu begreifen" galt für sie, bis ihre Töchter auf die Welt kamen. Die Beiden öffneten ihr nicht nur die Augen, sondern alle ihre Sinne. Seither, nimmt sie auf ihre große Entdeckungsreise Bücher, ihre Familie und unendliche Liebe mit!

Mehr von Galina Pfeifer:

Du und dein Kind – eine tolle Zeit beginnt!
Frühlings- und Sommergedichte

Erscheint 2019

Leseprobe:

Schach im Freien

Auf dem Pflaster in den Parks
wird es plötzlich weiß und schwarz.
Und so eben schwarz und weiß
die Partie wird super heiß.

Dieses Spielfeld ist quadratisch,
beide Teams sind diplomatisch.
Weiße Dame, weißes Feld –
schwarze Dame, schwarzes Feld.

Zug um Zug geht es voran,
alle zweiunddreißig wollen ran.
Jeder kämpft um seinen König,
niemals wird das Spiel eintönig.

Das Spielende gibt es im Quadrat,
sobald Einer offenbart: „Schachmatt!"
Denksport an der frischen Luft,
tut selbst den Coolsten wirklich gut.

DANKE